Bernd Wehren

Mein Schreibschrift-Training

Fit in der Lateinischen Ausgangsschrift

12. Auflage 2024
© 2006 PERSEN Verlag, Hamburg

AAP Lehrerwelt GmbH
Veritaskai 3
21079 Hamburg
Telefon: +49 (0) 40325083-040
E-Mail: info@lehrerwelt.de
Geschäftsführung: Andrea Fischer, Sandra Saghbazarian
USt-ID: DE 173 77 61 42
Register: AG Hamburg HRB/126335
Alle Rechte vorbehalten.

Autorschaft:	Bernd Wehren
Covergestaltung:	TSA&B Werbeagentur GmbH, Hamburg
Coverillustration:	Katharina Reichert-Scarborough
Illustrationen:	Melanie Woicke (Hauptillustratorin); Katharina Reichert-Scarborough; Koloration: Nele Mohr
Satz:	Satzpunkt Ursula Ewert GmbH, Bayreuth
Druck und Bindung:	Korrekt Nyomdaipari Kft., Budapest

ISBN/Bestellnummer:	978-3-8344-3626-9

www.persen.de

Inhaltsverzeichnis

4 **Mein Schreibpass**

5 **Mein Schreibschrift-ABC**

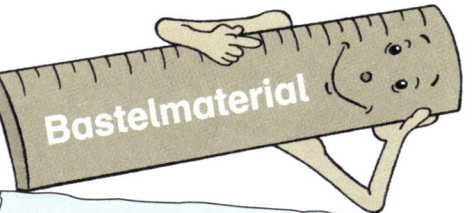

Mein Schreib-Pass

Hier können nach jeder bearbeiteten Geschichte passende Münder gemalt werden – von dir, deiner Lehrerin oder deinem Lehrer.

Geschichte	Aufgabe				
	1	2	3	4	5
Der Flaschengeist	☺	☺	☺	☺	☺
Eine wundersame Reise	☺	☺	☺	☺	☺
Die Flaschenpost	☺	☺	☺	☺	☺
Der Schatz der Piraten	☺	☺	☺	☺	☺
Besuch aus dem All	☺	☺	☺	☺	☺
Die Zeitmaschine	☺	☺	☺	☺	☺
Ein Roboter in der Schule	☺	☺	☺	☺	☺
Nico mag Laura	☺	☺	☺	☺	☺
Im Gruselschloss	☺	☺	☺	☺	☺
Der Zauberkasten	☺	☺	☺	☺	☺
Die Wunderblume	☺	☺	☺	☺	☺
Ein seltsames Tier	☺	☺	☺	☺	☺
Die verschwundenen Schätze	☺	☺	☺	☺	☺
Im Dorf der Zwerge	☺	☺	☺	☺	☺
Wenn kleine Monster träumen	☺	☺	☺	☺	☺
Die verzauberte Königin	☺	☺	☺	☺	☺
Im Mitmachzirkus	☺	☺	☺	☺	☺
Der Wolf und Rumpelstilzchen	☺	☺	☺	☺	☺

Super. Gut. Okay. Übe fleißig weiter.

Mein Schreibschrift-ABC

Mein Schreibschrift-ABC

Mein Schreibschrift-ABC

Mein Schreibschrift-ABC

Der Flaschengeist

 Spure die Geschichte mit einem Stift nach.

① Omar findet in einer Kiste eine Flasche.

② In der Flasche befindet sich ein Geist.

2 **Schreibe die Geschichte ab.**

3 **Lies. Male zu jedem Satz ein Bild.**

① Omar findet in einer Kiste eine Flasche.	② In der Flasche befindet sich ein Geist.	③ Der Geist ruft: „Lass mich bitte heraus!"	④ Omar überlegt: „Soll ich die Flasche öffnen?"

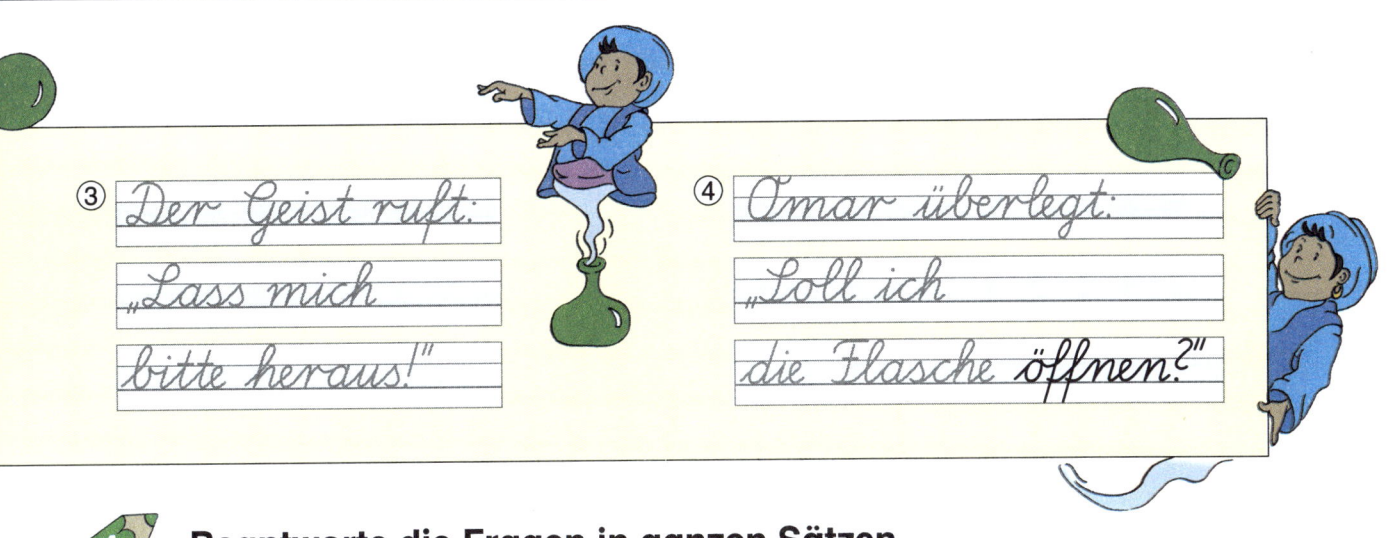

③ *Der Geist ruft:* „*Lass mich bitte heraus!*"

④ *Omar überlegt:* „*Soll ich die Flasche öffnen?*"

 4 **Beantworte die Fragen in ganzen Sätzen.**

ⓐ Was findet Omar?

ⓑ Was ruft der Geist?

ⓒ Was überlegt Omar?

 **Wie geht die Geschichte weiter?**

ⓐ Spielt.

ⓑ Erzählt.

ⓒ Schreibt die Geschichte auf.

Seite 47

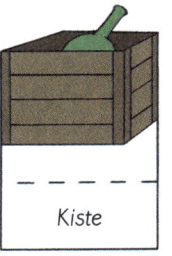
Kiste

Flasche

Geist

Eine wundersame Reise

 1 Spure die Geschichte mit einem Stift nach.

① *Till und Mia toben auf einem Teppich.*

② *Auf einmal bewegt sich der alte Teppich.*

 2 Schreibe die Geschichte ab.

3 Lies. Male zu jedem Satz ein Bild.

① Till und Mia toben auf einem Teppich.	② Auf einmal bewegt sich der alte Teppich.	③ Till und Mia wundern sich sehr.	④ Der Teppich fliegt mit den beiden davon.

③ Till und Mia wundern sich sehr.

④ Der Teppich fliegt mit den beiden *davon*.

 **4 Beantworte die Fragen in ganzen Sätzen.**

ⓐ Wer tobt auf dem Teppich?

ⓑ Worüber wundern sich Till und Mia?

ⓒ Was passiert auf einmal?

Wie geht die Geschichte weiter?

ⓐ Spielt.

ⓑ Erzählt.

ⓒ Schreibt die Geschichte auf.

Seite 47

Till   Mia

Teppich

Die Flaschenpost

 Spure die Geschichte mit einem Stift nach.

① Lisa und Jonas spielen am Bach.

Im Bach schwimmt eine grüne Flasche.

 Schreibe die Geschichte ab.

 Lies. Male zu jedem Satz ein Bild.

① Lisa und Jonas spielen am Bach.	② Im Bach schwimmt eine grüne Flasche.	③ In der grünen Flasche befindet sich ein Brief.	④ Lisa und Jonas lesen den Brief.

③ *In der grünen Flasche befindet sich ein Brief.*

④ *Lisa und Jonas lesen den Brief.*

 4 **Beantworte die Fragen in ganzen Sätzen.**

ⓐ Wer spielt am Bach?

ⓑ Was schwimmt im Bach?

ⓒ Was befindet sich in der Flasche?

 **Wie geht die Geschichte weiter?**

ⓐ Spielt.

ⓑ Erzählt.

ⓒ Schreibt die Geschichte auf.

Seite 49

Flasche

Lisa

Bach

Der Schatz der Piraten

 1 **Spure die Geschichte mit einem Stift nach.**

① *Alex und Kalle gehen in die Bücherei.*

② *Sie wollen ein Buch über Piraten lesen.*

 2 **Schreibe die Geschichte ab.**

 3 **Lies. Male zu jedem Satz ein Bild.**

① Alex und Kalle gehen in die Bücherei.	② Sie wollen ein Buch über Piraten lesen.	③ Sie nehmen das Buch „Schätze der Piraten".	④ Da fällt eine alte Schatzkarte heraus.

③ *Sie nehmen*
das Buch
„Schätze der Piraten".

④ *Da fällt*
eine alte Schatzkarte
heraus.

 Beantworte die Fragen in ganzen Sätzen.

ⓐ Wer geht in die Bücherei?

ⓑ Was wollen die Jungen in der Bücherei tun?

ⓒ Was passiert, als sie das Piratenbuch öffnen?

 **Wie geht die Geschichte weiter?**

ⓐ Spielt.

ⓑ Erzählt.

ⓒ Schreibt die Geschichte auf.

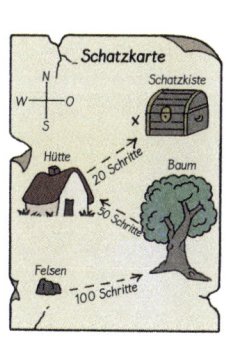

Besuch aus dem All

1 Spure die Geschichte mit einem Stift nach.

① Paul und Kim zelten nachts im Garten.

② Sie sehen viele Sterne am Himmel.

2 Schreibe die Geschichte ab.

3 Lies. Male zu jedem Satz ein Bild.

① Paul und Kim zelten nachts im Garten.	② Sie sehen viele Sterne am Himmel.	③ Da landet ein lila Ufo im Garten.	④ Ein Männchen steigt aus dem Ufo.

③ Da landet ein lila Ufo im Garten.

④ Ein Männchen steigt aus dem Ufo.

 4 **Beantworte die Fragen in ganzen Sätzen.**

ⓐ Was tun die Jungen im Garten?

ⓑ Was sehen die Jungen am Himmel?

ⓒ Wer steigt aus dem Ufo?

 **Wie geht die Geschichte weiter?**

ⓐ Spielt.

ⓑ Erzählt.

ⓒ Schreibt die Geschichte auf.

Seite 51

Männchen

Zelt

Ufo

Die Zeitmaschine

 Spure die Geschichte mit einem Stift nach.

① *Tim und Lea bauen eine Zeitmaschine.*

② *Sie brauchen dafür viele Dinge.*

 Schreibe die Geschichte ab.

Lies. Male zu jedem Satz ein Bild.

① Tim und Lea bauen eine Zeitmaschine.	② Sie brauchen dafür viele Dinge.	③ Sie wollen zu den Dinos reisen.	④ Vielleicht reisen sie auch zu den Rittern.

③ *Sie wollen zu den Dinos reisen.*

④ *Vielleicht reisen sie auch zu den Rittern.*

 4 **Beantworte die Fragen in ganzen Sätzen.**

ⓐ Was bauen die Kinder?

ⓑ Was ist eine Zeitmaschine?

ⓒ Wohin wollen sie reisen?

 **Wie geht die Geschichte weiter?**

ⓐ Spielt.

ⓑ Erzählt.

ⓒ Schreibt die Geschichte auf.

Seite 51

Zeitmaschine

Lea

Ritterburg

Ein Roboter in der Schule

 Spure die Geschichte mit einem Stift nach.

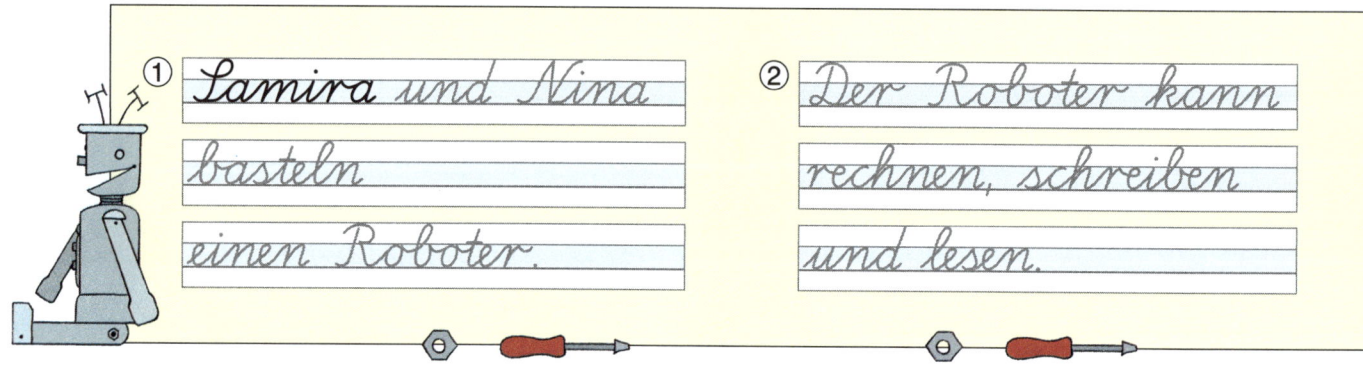

① Samira und Nina basteln einen Roboter.

② Der Roboter kann rechnen, schreiben und lesen.

 Schreibe die Geschichte ab.

 Lies. Male zu jedem Satz ein Bild.

① Samira und Nina basteln einen Roboter.	② Der Roboter kann rechnen, schreiben und lesen.	③ Sie nehmen ihn mit in die Schule.	④ Der Roboter sagt: „Ich löse die Aufgaben."

③ *Sie nehmen ihn mit in die Schule.*

④ *Der Roboter sagt: „Ich löse die Aufgaben."*

 4 **Beantworte die Fragen in ganzen Sätzen.**

ⓐ Wer bastelt einen Roboter?

ⓑ Was kann der Roboter?

ⓒ Was sagt der Roboter in der Schule?

 **Wie geht die Geschichte weiter?**

Seite 53

ⓐ Spielt.

ⓑ Erzählt.

ⓒ Schreibt die Geschichte auf.

Nina

Roboter

Schule

23

Nico mag Laura

 Spure die Geschichte mit einem Stift nach.

① Nico mag Laura und findet sie hübsch.

② Er schreibt ihr einen netten Brief.

2 **Schreibe die Geschichte ab.**

3 **Lies. Male zu jedem Satz ein Bild.**

① Nico mag Laura und findet sie hübsch.	② Er schreibt ihr einen netten Brief.	③ In der Hofpause gibt Nico Laura den Brief.	④ Laura liest den Brief und lächelt.

③ In der Hofpause gibt Nico Laura den Brief.

④ Laura liest den Brief und *lächelt*.

 Beantworte die Fragen in ganzen Sätzen.

ⓐ Was denkt Nico über Laura?

ⓑ Was tut er?

ⓒ Was denkt Laura wohl?

Wie geht die Geschichte weiter?

ⓐ Spielt.

ⓑ Erzählt.

ⓒ Schreibt die Geschichte auf.

Seite 53

Im Gruselschloss

 Spure die Geschichte mit einem Stift nach.

① Jan und Nadim gehen in ein altes Schloss.

② Im Schloss ist es kalt und dunkel.

 Schreibe die Geschichte ab.

Lies. Male zu jedem Satz ein Bild.

① Jan und Nadim gehen in ein altes Schloss.	② Im Schloss ist es kalt und dunkel.	③ Im Keller hören sie ein Geräusch.	④ Sie schleichen leise eine Treppe hinab.

③ *Im Keller hören sie ein Geräusch.*

④ *Sie schleichen leise eine Treppe hinab.*

 4 **Beantworte die Fragen in ganzen Sätzen.**

ⓐ Wie heißen die beiden Jungen?

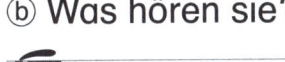

ⓑ Was hören sie?

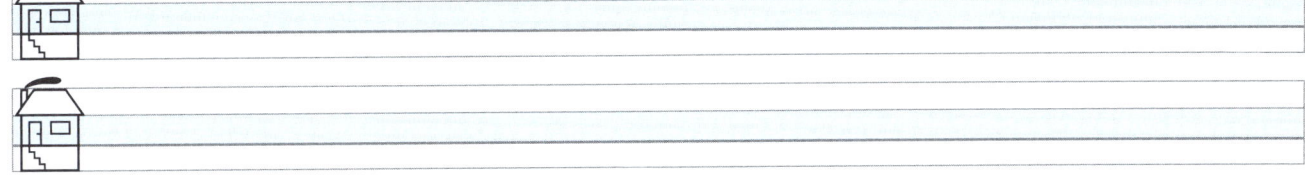

ⓒ Was tun die Jungen daraufhin?

 **Wie geht die Geschichte weiter?**

ⓐ Spielt.

ⓑ Erzählt.

ⓒ Schreibt die Geschichte auf.

 Seite 55

Treppe   Keller

Der Zauberkasten

 Spure die Geschichte mit einem Stift nach.

① *Max und Alena wollen zaubern.* ② *Sie kaufen einen Zauberkasten.*

 Schreibe die Geschichte ab.

3 **Lies. Male zu jedem Satz ein Bild.**

① Max und Alena wollen zaubern.	② Sie kaufen einen Zauberkasten.	③ Max sagt einen Zauberspruch auf.	④ Auf einmal ist Alena unsichtbar.

③ *Max sagt einen Zauberspruch auf.*

④ *Auf einmal ist Alena unsichtbar.*

 Beantworte die Fragen in ganzen Sätzen.

ⓐ Wer will zaubern?

ⓑ Was sagt Max?

ⓒ Was passiert mit Alena?

 **Wie geht die Geschichte weiter?**

ⓐ Spielt.

ⓑ Erzählt.

ⓒ Schreibt die Geschichte auf.

Seite 55

Zauberbuch

Alena

Zauberkasten

Die Wunderblume

 1 Spure die Geschichte mit einem Stift nach.

① *Tobias pflanzt im Garten eine Blume.*

② *Am Abend gießt er die schöne Blume.*

2 Schreibe die Geschichte ab.

3 Lies. Male zu jedem Satz ein Bild.

① Tobias pflanzt im Garten eine Blume.	② Am Abend gießt er die schöne Blume.	③ In der Nacht wächst sie bis zum Mond.	④ Morgens staunt er und klettert hinauf.

③ *In der Nacht wächst sie bis zum Mond.*

④ *Morgens staunt er und klettert hinauf.*

 4 **Beantworte die Fragen in ganzen Sätzen.**

ⓐ Was pflanzt Tobias am Abend?

ⓑ Was passiert in der Nacht?

ⓒ Was macht Tobias am Morgen?

 **Wie geht die Geschichte weiter?**

Seite 57

ⓐ Spielt.

ⓑ Erzählt.

ⓒ Schreibt die Geschichte auf.

Mond

Garten

Blume

Blume

Ein seltsames Tier

 Spure die Geschichte mit einem Stift nach.

① Hanna spielt mit ihrem Kuscheltier.

② Ihr Kuscheltier ist ein brauner Hase.

2 **Schreibe die Geschichte ab.**

 Lies. Male zu jedem Satz ein Bild.

① Hanna spielt mit ihrem Kuscheltier.	② Ihr Kuscheltier ist ein brauner Hase.	③ Der braune Hase heißt Hugo.	④ Hugo ruft: „Ich will an Karotten knabbern."

③ *Der braune Hase heißt Hugo.*

④ *Hugo ruft: „Ich will an Karotten knabbern."*

 4 **Beantworte die Fragen in ganzen Sätzen.**

ⓐ Wer ist Hugo?

ⓑ Was ist das Besondere an diesem Kuscheltier?

ⓒ Was sagt Hannas Kuscheltier?

 **Wie geht die Geschichte weiter?**

ⓐ Spielt.

ⓑ Erzählt.

ⓒ Schreibt die Geschichte auf.

Seite 57

Hase Hugo

Hanna

Die verschwundenen Schätze

 1 Spure die Geschichte mit einem Stift nach.

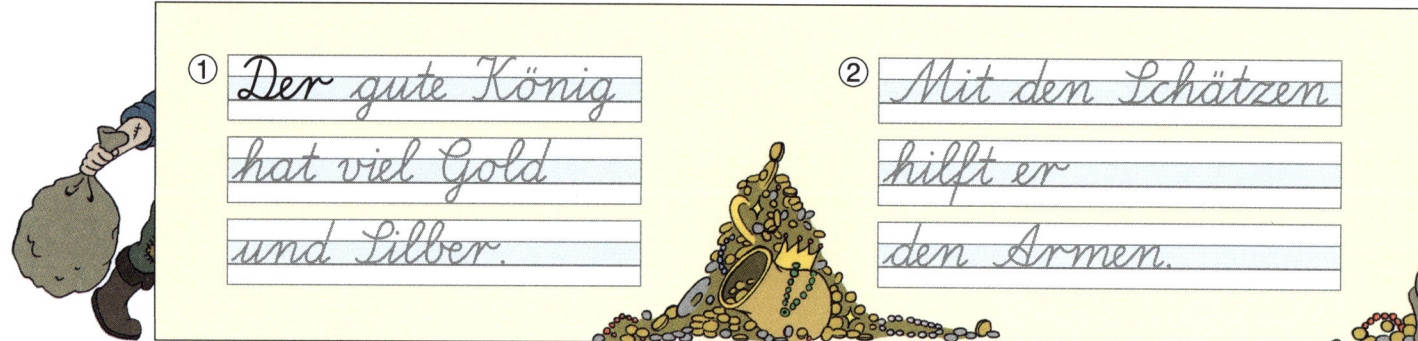

① Der gute König hat viel Gold und Silber.

② Mit den Schätzen hilft er den Armen.

2 Schreibe die Geschichte ab.

3 Lies. Male zu jedem Satz ein Bild.

① Der gute König hat viel Gold und Silber.	② Mit den Schätzen hilft er den Armen.	③ Eines Tages klauen Räuber seine Schätze.	④ Der König ist traurig. Wer hilft ihm?

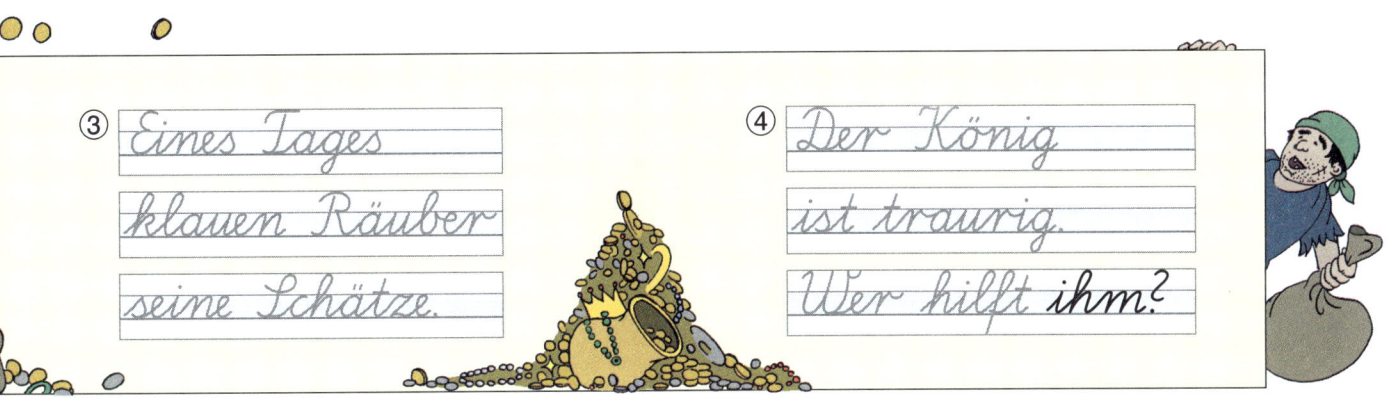

③ *Eines Tages klauen Räuber seine Schätze.*

④ *Der König ist traurig. Wer hilft ihm?*

 4 **Beantworte die Fragen in ganzen Sätzen.**

ⓐ Welche Schätze hat der König?

ⓑ Wem hilft der König?

ⓒ Warum ist der König traurig?

 **Wie geht die Geschichte weiter?**

ⓐ Spielt.

ⓑ Erzählt.

ⓒ Schreibt die Geschichte auf.

Seite 59

Schätze

König

Im Dorf der Zwerge

 1 **Spure die Geschichte mit einem Stift nach.**

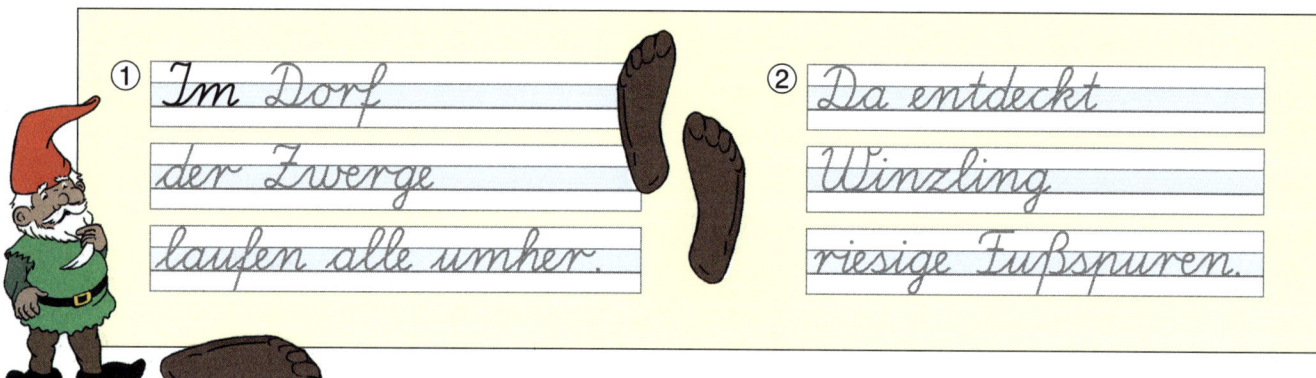

① *Im Dorf*
der Zwerge
laufen alle umher.

② *Da entdeckt*
Winzling
riesige Fußspuren.

 2 **Schreibe die Geschichte ab.**

3 **Lies. Male zu jedem Satz ein Bild.**

① Im Dorf der Zwerge laufen alle umher.	② Da entdeckt Winzling riesige Fußspuren.	③ Zwerg Winzling ruft alle Zwerge herbei.	④ Plötzlich stampft ein Riese in das kleine Dorf.

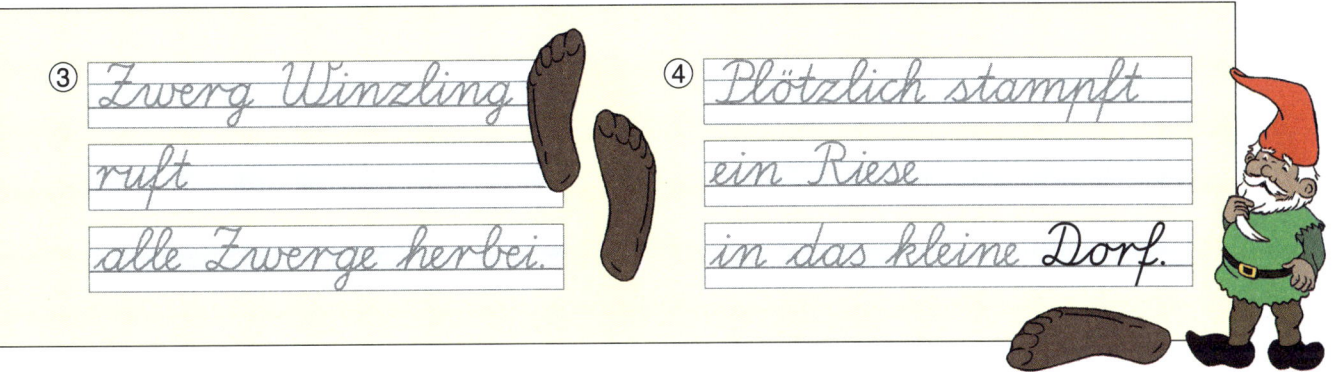

③ *Zwerg Winzling ruft alle Zwerge herbei.*

④ *Plötzlich stampft ein Riese in das kleine* **Dorf.**

 4 Beantworte die Fragen in ganzen Sätzen.

ⓐ Wo lebt Winzling?

ⓑ Was entdeckt Winzling?

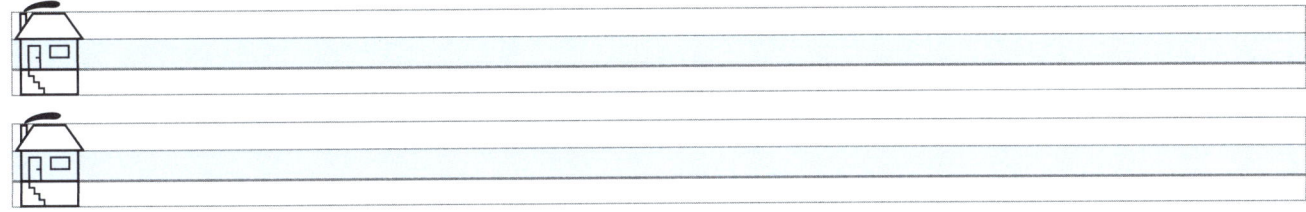

ⓒ Was tut der Riese?

 **Wie geht die Geschichte weiter?**

ⓐ Spielt.

ⓑ Erzählt.

ⓒ Schreibt die Geschichte auf.

Seite 59

Winzling

Zwerge

Riese

Wenn kleine Monster träumen

 Spure die Geschichte mit einem Stift nach.

① *Das kleine grüne Monster ist sehr müde.*

② *Es legt sich ins Bett und deckt sich zu.*

 Schreibe die Geschichte ab.

Lies. Male zu jedem Satz ein Bild.

① Das kleine grüne Monster ist sehr müde.	② Es legt sich ins Bett und deckt sich zu.	③ Das kleine Monster macht die Augen zu.	④ Wovon das Monster wohl träumen wird?

③ *Das kleine Monster macht die Augen zu.*

④ *Wovon das Monster wohl träumen wird?*

 4   Beantworte die Fragen in ganzen Sätzen.

ⓐ Wer ist müde?

ⓑ Was macht das Monster?

ⓒ Wovon träumt es wohl?

 **Wie geht die Geschichte weiter?**

Seite 61

ⓐ Spielt.

ⓑ Erzählt.

ⓒ Schreibt die Geschichte auf.

Monster

Bett

Die verzauberte Königin

 1 Spure die Geschichte mit einem Stift nach.

① Die böse Hexe
hat die Königin
verzaubert.

② Die Königin
kann nicht
mehr lachen.

 2 Schreibe die Geschichte ab.

3 Lies. Male zu jedem Satz ein Bild.

① Die böse Hexe hat die Königin verzaubert.	② Die Königin kann nicht mehr lachen.	③ Wer hilft der schönen Königin? Und wie?	④ Da kommen drei kluge Brüder ins Schloss.

③ *Wer hilft der schönen Königin? Und wie?*

④ *Da kommen drei kluge Brüder ins Schloss.*

 Beantworte die Fragen in ganzen Sätzen.

ⓐ Wer hat die Königin verzaubert?

ⓑ Was kann sie nun nicht mehr?

ⓒ Wer kommt ins Schloss?

 **Wie geht die Geschichte weiter?**

ⓐ Spielt.

ⓑ Erzählt.

ⓒ Schreibt die Geschichte auf.

Seite 61

Hexe

Königin

Im Mitmachzirkus

 1 Spure die Geschichte mit einem Stift nach.

① *Amelie und Luka gehen in den Zirkus.*

② *Sie sehen Zauberer, Clowns und Akrobaten.*

2 Schreibe die Geschichte ab.

3 Lies. Male zu jedem Satz ein Bild.

① Amelie und Luka gehen in den Zirkus.	② Sie sehen Zauberer, Clowns und Akrobaten.	③ Luka darf bei den Akrobaten mitmachen.	④ Amelie lacht über einen lustigen Clown.

③ *Luka darf bei den Akrobaten mitmachen.*

④ *Amelie lacht über einen lustigen Clown.*

 Beantworte die Fragen in ganzen Sätzen.

ⓐ Was gibt es im Zirkus zu sehen?

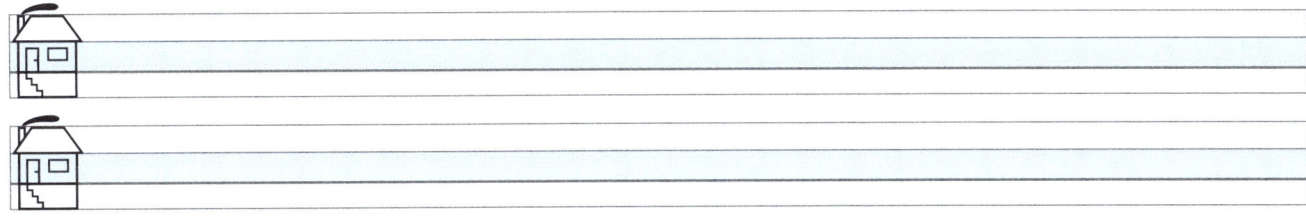

ⓑ Wobei darf Luka helfen?

ⓒ Was macht Amelie?

 **Wie geht die Geschichte weiter?**

ⓐ Spielt.

ⓑ Erzählt.

ⓒ Schreibt die Geschichte auf.

Zirkus

Zauberer

Der Wolf und Rumpelstilzchen

 Spure die Geschichte mit einem Stift nach.

① Der gute Wolf läuft durch den dunklen Wald.

② Da trifft er das traurige Rumpelstilzchen.

2 **Schreibe die Geschichte ab.**

3 **Lies. Male zu jedem Satz ein Bild.**

① Der gute Wolf läuft durch den dunklen Wald.	② Da trifft er das traurige Rumpelstilzchen.	③ Das sagt: „Ich habe meinen Namen vergessen."	④ Der Wolf meint: „Wir fragen die kluge Hexe."

③ Das sagt:

„Ich habe meinen

Namen vergessen."

④ Der Wolf meint:

„Wir fragen

die kluge Hexe."

 4 **Beantworte die Fragen in ganzen Sätzen.**

ⓐ Wer läuft durch den Wald?

ⓑ Warum ist Rumpelstilzchen traurig?

ⓒ Was wollen sie tun?

 **Wie geht die Geschichte weiter?**

ⓐ Spielt.

ⓑ Erzählt.

ⓒ Schreibt die Geschichte auf.

Seite 63

Wolf

Rumpel-
stilzchen

Hexenhaus

für

_____
(Name)

Herzlichen Glückwunsch!

Du hast fleißig dein Schreibschrift-Training
gemeistert und darfst dich nun

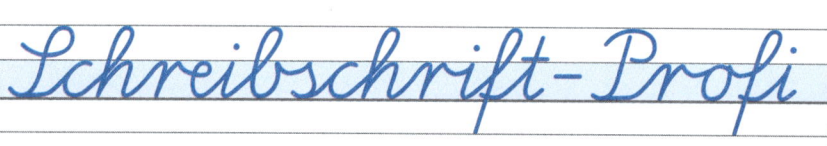

Schreibschrift-Profi

nennen!

_____
(Ort und Datum)

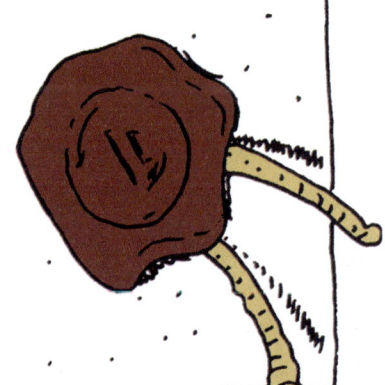

_____
(Unterschrift)

Der Flaschengeist

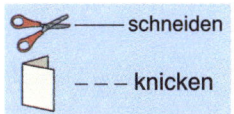
zu Seite 10/11

Geist

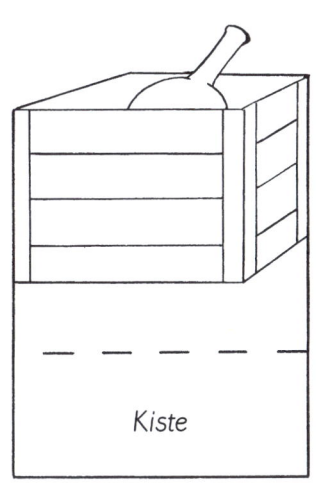

Kiste

Flasche

Omar

Eine wundersame Reise

zu Seite 12/13

Teppich

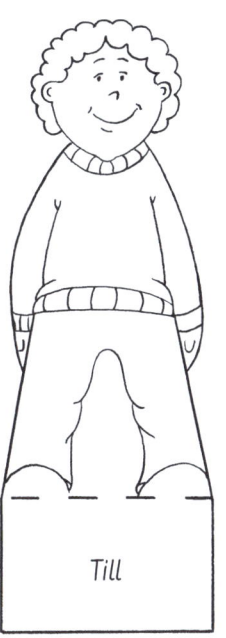

Till

Mia

Die Flaschenpost

zu Seite 14/15

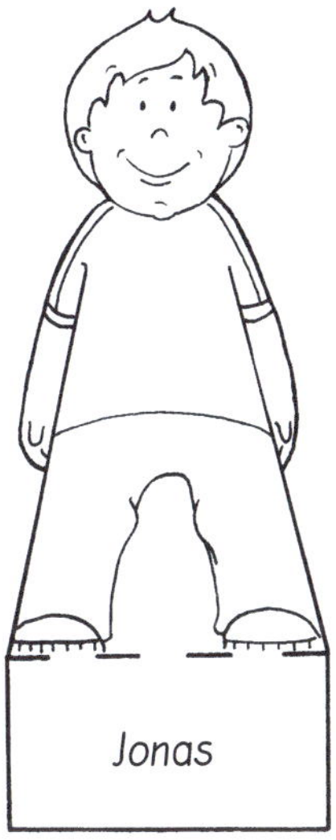

Jonas

Lisa

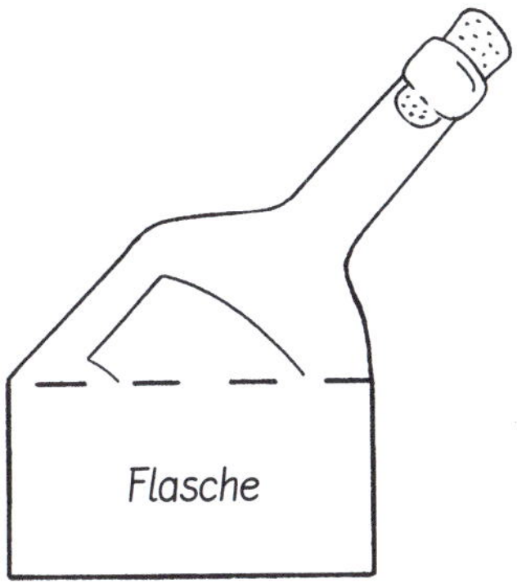

Flasche

Brief

Bach

Der Schatz der Piraten

16/17

Alex

Kalle

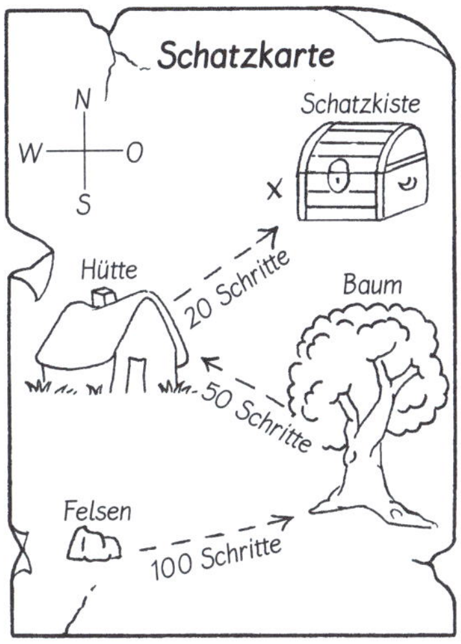

Schatzkarte

N
W O
S

Schatzkiste

X

Hütte

20 Schritte

Baum

50 Schritte

Felsen

100 Schritte

Schätze
der
Piraten

Pferde

100
Spiele

Schätze
der
Piraten

Sonne,
Mond und
Sterne

Besuch aus dem All

zu Seite 18/19

Paul

Kim

Ufo

Männ-
chen

Zelt

Garten

Die Zeitmaschine

zu Seite 20/21

Tim

Lea

Zeitmaschine

Ritterburg

Dino

Ein Roboter in der Schule

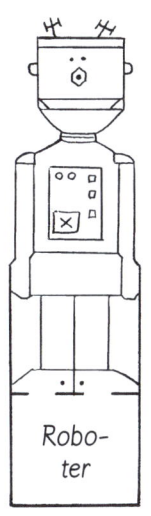

Robo-
ter

zu Seite 22/23

Schule

Samira

Nina

Nico mag Laura

Hallo, Laura!

Nico

Laura

zu Seite 24/25

An
Laura

Brief

Im Gruselschloss

Jan

Nadim

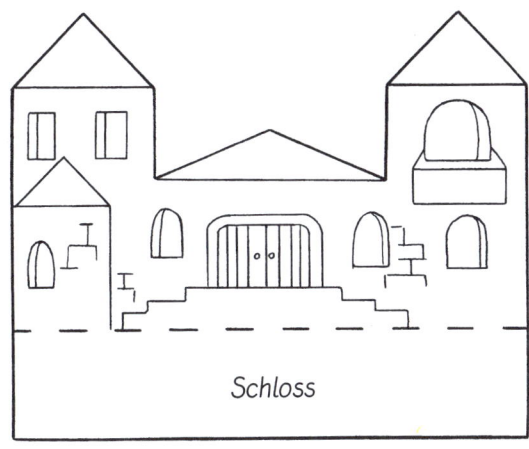

Schloss

zu Seite 26/27

Treppe

Keller

Der Zauberkasten

zu Seite 28/29

Max

Alena

Alena

100 Zauber-sprüche

Zauberbuch

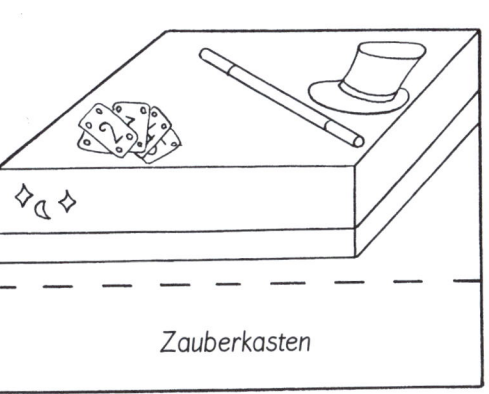

Zauberkasten

Die Wunderblume

zu Seite 30/31

Garten

Tobias

Gießkanne

Blume

Blume

Mond

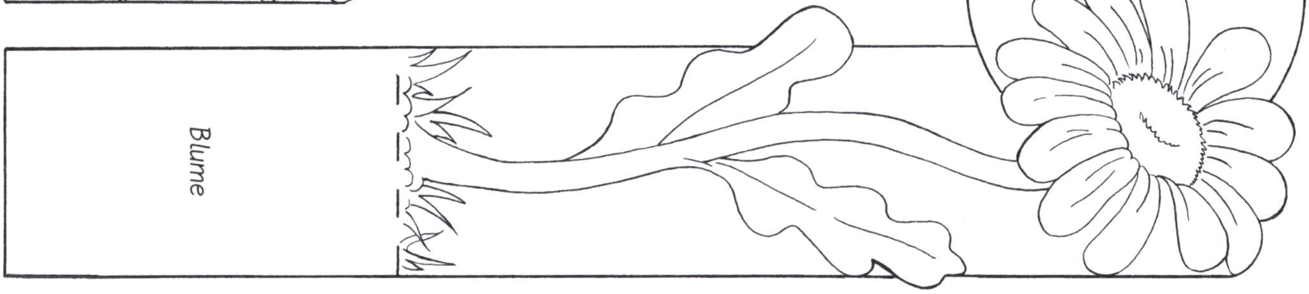

Ein seltsames Tier

zu Seite 32/33

Hase Hugo

Hanna

Die verschwundenen Schätze

zu Seite 34/35

König

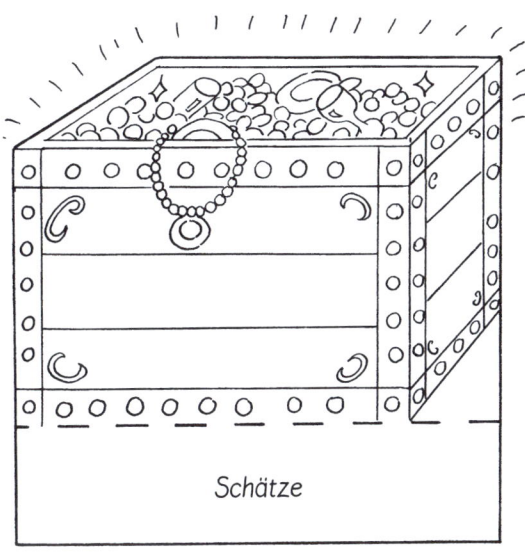

Schätze

Räuber

die Armen

Im Dorf der Zwerge

Riese

Winzling

zu Seite 36/37

Zwerge

Wenn kleine Monster träumen

zu Seite 38/39

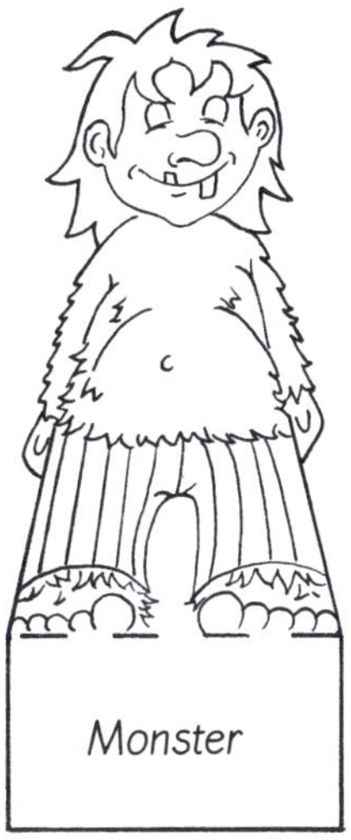

Monster

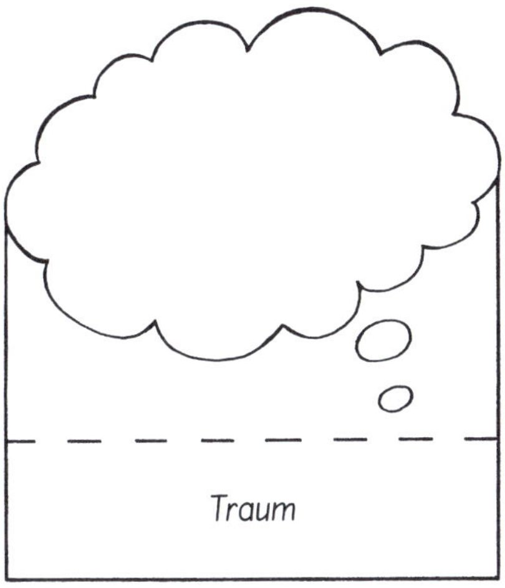

Traum

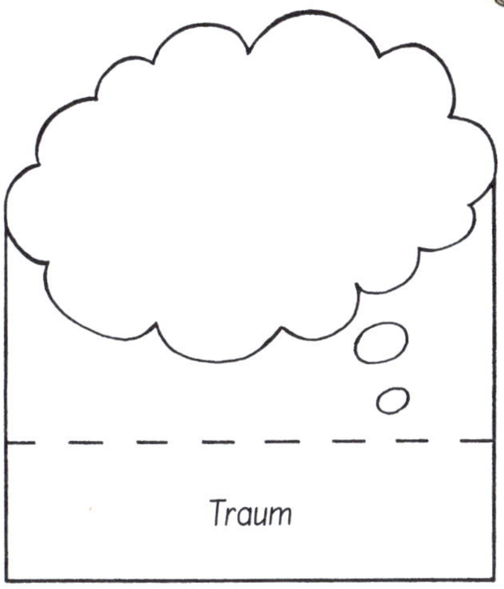

Traum

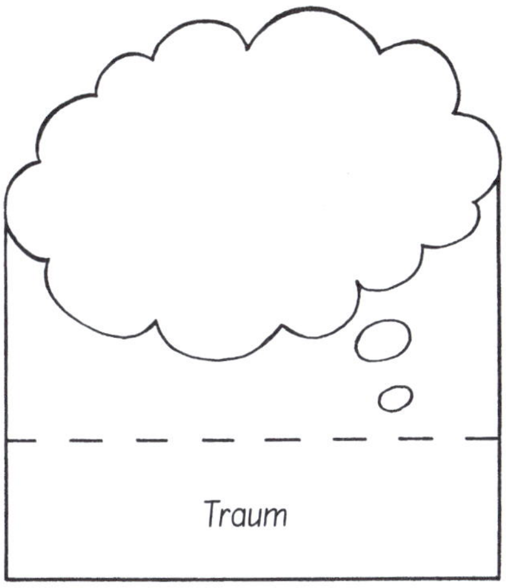

Traum

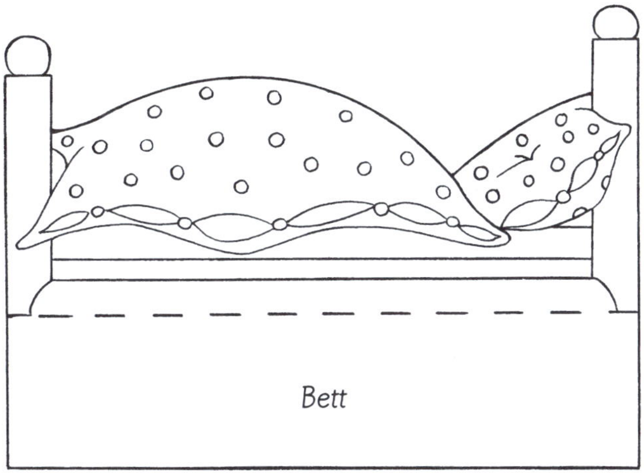

Bett

Die verzauberte Königin

zu Seite 40/41

1. Bruder

2. Bruder

3. Bruder

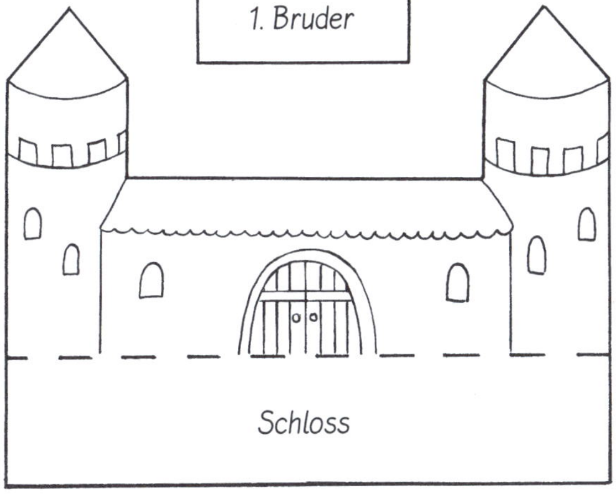

Schloss

Königin

Hexe

Im Mitmachzirkus

zu Seite 42/43

Luka   Amelie   Zauberer   Akrobaten   Clown

Zirkus

Der Wolf und Rumpelstilzchen

zu Seite 44/45

Wolf   Rumpel-stilzchen   Hexe

Wald